O poder da mulher que ora

O poder da mulher que ora

Livro de orações

STORMIE OMARTIAN

Traduzido por Susana Klassen

Copyright © 2004 por Stormie Omartian
Publicado originalmente por Harvest House Publishers,
Oregon, EUA

Os textos das referências bíblicas foram extraídos da
Nova Versão Internacional (NVI), da Sociedade Bíblica
Internacional, salvo indicação específica. Todos os
direitos reservados e protegidos pela Lei no 9.610, de
19/02/1998.
É expressamente proibida a reprodução total ou parcial
deste livro, por quaisquer meios (eletrônicos, mecânicos,
fotográficos, gravação e outros), sem prévia autorização,
por escrito, da editora.

Diagramação
Set-up Time

Revisão
Andrea Filatro

Capa
Douglas Lucas

Dados Internacionais de Catalogação na Publicação (CIP)
(Câmara Brasileira do Livro, SP, Brasil)

Omartian, Stormie
   O poder da mulher que ora: livro de orações / Stormie
Omartian; traduzido por Susana Klassen — São Paulo:
Mundo Cristão, 2010.

   Título original: the Power of Praying Woman: Book
of prayers
   ISBN 978-65-5988-395-0

   1. Bíblia — Uso devocional 2. Devoções diárias 3.
Mulheres cristãs — Vida religiosa 4. Mulheres — Livros
de orações e devoções I. Título.

10-01475   CDD: 220.5082

Publicado no Brasil com todos
os direitos reservados por:

Editora Mundo Cristão
Rua Antônio Carlos Tacconi, 69
São Paulo, SP, Brasil
CEP 04810-020
Telefone: (11) 2127-4147
www.mundocristao.com.br

Categoria: Oração
1ª edição: setembro de 2010
1ª edição (nova capa): novembro de 2024
2ª reimpressão: 2025

Introdução

Há muitas coisas em nossa vida sobre as quais precisamos orar, e é difícil pensar em todas elas. Por isso considero este livro de orações bastante útil no dia a dia. Ele cabe na bolsa, na pasta de trabalho ou no porta-luvas do carro. As orações aqui registradas não substituem minhas conversas diárias com Deus, mas são um ponto de partida. Ajudam-me a lembrar de outras coisas sobre as quais também preciso orar a fim de cobrir toda minha vida com orações.

O propósito deste livro é mantê-la espiritualmente ancorada e lembrá-la de quem você é no Senhor. As orações aqui contidas a ajudarão a manter-se próxima de Deus e conhecê-lo melhor. Serão uma ferramenta para aplanar seu caminho e simplificar a prática de pedir a Deus para cuidar de todos os assuntos complexos de sua vida. Você não precisará se preocupar se lembrou de orar sobre aspectos importantes de sua realidade. Estas orações a ajudarão a descobrir se você se encontra no centro da vontade de Deus e se está cumprindo os propósitos dele para sua vida.

Stormie Omartian

Os justos florescerão como a palmeira, crescerão como o cedro do Líbano; plantados na casa do SENHOR, florescerão nos átrios do nosso Deus. Mesmo na velhice darão fruto, permanecerão viçosos e verdejantes, para proclamar que o SENHOR é justo. Ele é a minha Rocha; nele não há injustiça.

SALMOS 92:12-15

Senhor, ajuda-me a andar mais perto de ti

Deus, achego-me a ti hoje, grata porque te aproximas de mim conforme prometeste em tua palavra (Tg 4:8). Desejo permanecer em tua presença e conhecer-te de todas as formas possíveis. Ensina-me o que preciso aprender para te conhecer melhor. Não quero ser como as pessoas que "estão sempre aprendendo, e jamais conseguem chegar ao conhecimento da verdade" (2Tm 3:7). Desejo conhecer a verdade a teu respeito, pois sei que estás próximo de todos que te invocam em verdade (Sl 145:18).

E eu pedirei ao Pai, e ele lhes dará outro Conselheiro para estar com vocês para sempre, o Espírito da verdade. O mundo não pode recebê-lo, porque não o vê nem o conhece. Mas vocês o conhecem, pois ele vive com vocês e estará em vocês.

João 14:16-17

Anotações

Senhor, ajuda-me a andar mais perto de ti

Deus, ajuda-me a separar tempo todos os dias para ficar a sós contigo. Ao me colocar diante de ti, ensina-me a orar conforme a tua vontade. Jesus disse: "Se alguém tem sede, venha a mim e beba" (Jo 7:37). Tenho sede de te conhecer mais e mais, pois sem ti minha vida é um deserto. Achego-me a ti neste dia e bebo profundamente de teu Espírito. Sei que estás em todo lugar, mas também sei que existem manifestações mais profundas de tua presença que eu desejo experimentar. Ao me aproximar de ti, peço que te aproximes de mim para que eu possa permanecer em tua presença como nunca antes.

Aproximem-se de Deus, e ele se aproximará de vocês!

Tiago 4:8

Anotações

Senhor, purifica-me e coloca meu coração em ordem

Senhor, coloco-me humildemente diante de ti e peço que purifiques meu coração e renoves dentro de mim um espírito estável (Sl 51:10). Perdoa-me por pensamentos, palavras e atos em minha vida que não te glorificaram ou foram contrários aos teus mandamentos. Confesso especificamente ＿＿＿＿ (cite pensamentos, palavras ou atos desagradáveis a Deus). Cometi esse pecado e me arrependo dele. Opto por abandonar esse jeito de pensar ou agir e declaro meu propósito de viver segundo tua vontade. Sei que és "misericordioso e compassivo, muito paciente e cheio de amor" (Jl 2:13). Perdoa-me por nem sempre dar o devido valor a esse fato.

Se confessarmos os nossos pecados, ele é fiel e justo para perdoar os nossos pecados e nos purificar de toda injustiça.

1João 1:9

Anotações

Senhor, purifica-me e coloca meu coração em ordem

Peço que tenhas "misericórdia de mim, ó Deus, por teu amor; por tua grande compaixão apaga as minhas transgressões [...] Cria em mim um coração puro, ó Deus, e renova dentro de mim um espírito estável" (Sl 51:1,10). "Vê se em minha conduta algo te ofende, e dirige-me pelo caminho eterno" (Sl 139:24). Ajuda-me a ver com clareza a verdade a respeito de mim mesma. Purifica-me e põe meu coração em ordem diante de ti. Desejo receber teu perdão para que venham tempos de descanso da tua parte (At 3:20).

Então reconheci diante de ti o meu pecado e não encobri as minhas culpas. Eu disse: Confessarei as minhas transgressões ao SENHOR, e tu perdoaste a culpa do meu pecado.

Salmos 32:5

Anotações

Senhor, ajuda-me a perdoar

Senhor, ajuda-me a ser uma pessoa que perdoa. Mostra-me em que áreas não tenho agido desse modo. Se há alguma amargura, algum ressentimento ou rancor oculto em meu coração, mostra-me e eu te confessarei o pecado. Peço de forma específica que me ajudes a perdoar inteiramente _____ (cite o nome de uma pessoa que você precisa perdoar). Que eu possa compreender a profundidade do perdão que recebi de ti e não deixe de concedê-lo a outros. Sei que o perdão não justifica as ações da outra pessoa, mas me liberta dos laços da amargura. Também sei que somente tu conheces a história toda e farás justiça.

A sabedoria do homem lhe dá paciência; sua glória é ignorar as ofensas.

Provérbios 19:11

Anotações

Senhor, ajuda-me a perdoar

Deus, não desejo que nada me separe de ti nem que minhas orações sejam interrompidas porque abriguei pecado no coração. Neste momento, tomo a decisão de perdoar tudo e todos e andar livre do peso da amargura. Se alguma pessoa guarda rancor de mim, peço que toques em seu coração e me mostres como fazer minha parte para resolver a situação entre nós. Sei que não posso ser luz para outros enquanto estiver caminhando nas trevas do rancor. Desejo andar na luz, como tu estás na luz, e ser purificada de todo pecado (1Jo 1:7).

Não julguem, e vocês não serão julgados. Não condenem, e não serão condenados. Perdoem, e serão perdoados.

Lucas 6:37

Anotações

Senhor, ensina-me a andar em teus caminhos

Senhor, de acordo com tua palavra, "os que amam tua lei desfrutam paz e nada há que os faça tropeçar" (Sl 119:165). Amo tua lei porque ela é boa e visa ao meu bem. Ajuda-me a obedecer-lhe em todos os sentidos, para não tropeçar nem cair. Desejo andar em teus caminhos para ter a certeza e a paz de saber que estou vivendo segundo tua vontade. Meu coração anseia obedecer-te, Senhor, em todas as coisas. Por favor, ajuda-me nas áreas em que não tenho andado em obediência. "Eu te busco de todo o coração; não permitas que eu me desvie dos teus mandamentos" (Sl 119:10).

Quem tem os meus mandamentos e lhes obedece, esse é o que me ama. Aquele que me ama será amado por meu Pai, e eu também o amarei e me revelarei a ele.

João 14:21

Anotações

Senhor, ensina-me a andar em teus caminhos

Deus, tua palavra adverte: "Se afirmarmos que estamos sem pecado, enganamos a nós mesmos, e a verdade não está em nós" (1Jo 1:8). Não desejo enganar a mim mesma por não te perguntar em que áreas tenho errado os alvos que estabeleceste para minha vida. Mostra-me se estou fazendo algo que não deveria. Ajuda-me a ouvir tuas instruções específicas. Fala comigo claramente por meio de tua Palavra, para que eu possa discernir entre certo e errado. Não quero entristecer teu Espírito de nenhuma forma (Ef 4:30). Desejo aprender de modo contínuo acerca de teus caminhos para viver na plenitude de tua presença e ir ao encontro do que preparaste para mim.

Os que obedecem aos seus mandamentos nele permanecem, e ele neles. Do seguinte modo sabemos que ele permanece em nós: pelo Espírito que nos deu.

1João 3:24

Anotações

Senhor, fortalece-me para resistir ao inimigo

Jesus, obrigada porque sofreste e morreste por mim na cruz e ressuscitaste para vencer a morte e o inferno. Meu inimigo foi derrotado por causa do que fizeste. Obrigada porque me deste toda autoridade sobre ele (Lc 10:19). Permite-me reconhecer quando o inimigo está ganhando território em minha vida. Ajuda-me a usar a autoridade que me concedeste para derrotar Satanás em todas as áreas. Ajuda-me, também, a orar e jejuar com frequência, a fim de destruir os baluartes que o inimigo procura edificar em minha vida. Pelo poder do teu Espírito Santo, sou capaz de resistir ao Diabo para que ele fuja de mim (Tg 4:7).

Finalmente, fortaleçam-se no Senhor e no seu forte poder. Vistam toda a armadura de Deus, para poderem ficar firmes contra as ciladas do Diabo.

Efésios 6:10-11

Anotações

Senhor, fortalece-me para resistir ao inimigo

Deus, sei que não preciso ter medo de enfrentar o inimigo na batalha (Dt 20:3). Obrigada porque, apesar das tentativas dele de me prender, tu me concedeste poder para escapar de todas as suas armadilhas (2Tm 2:26). Obrigada porque és meu escudo, pois ando nos teus caminhos (Pv 2:7). Ajuda-me a não me deixar "vencer pelo mal"; dá-me forças para triunfar sobre "o mal com o bem" (Rm 12:21). Esconde-me das intrigas dos perversos "no abrigo da tua presença" (Sl 31:20). Enquanto eu permanecer forte em ti, o inimigo não será capaz de me derrubar.

Passada a tempestade, o ímpio já não existe, mas o justo permanece firme para sempre.

Provérbios 10:25

Anotações

Senhor, mostra-me como controlar a mente

Senhor, não desejo andar segundo minhas próprias inclinações (Is 65:2). Quero levar cativo todo pensamento e controlar a mente. Tua palavra "julga os pensamentos e as intenções do coração" (Hb 4:12). Peço que, ao ler a Bíblia, ela revele meus pensamentos incorretos. Que tua palavra me seja gravada na mente para que eu identifique de imediato as mentiras do inimigo. Espírito da verdade, guarda-me de todo engano. Sei que me concedeste "autoridade [...] sobre todo o poder do inimigo" (Lc 10:19). Ordeno, portanto, que o inimigo se afaste de minha mente. Recuso-me a dar ouvidos a mentiras.

Vocês foram ensinados a [...] serem renovados no modo de pensar e [...] a revestir-se do novo homem, criado para ser semelhante a Deus em justiça e em santidade provenientes da verdade.

Efésios 4:22-24

Anotações

Senhor, mostra-me como controlar a mente

Deus, não quero alimentar pensamentos fúteis nem dar espaço a ideias que não te glorificam (Rm 1:21). Obrigada porque tenho "a mente de Cristo" (1Co 2:16). Que teus pensamentos, Senhor, sejam os meus pensamentos. Mostra-me as áreas em que permiti que coisas desagradáveis a ti me tomassem a mente. Ajuda-me a resistir-lhes e a ocupar a mente com pensamentos, palavras, músicas e imagens que te glorifiquem. Ajuda-me, também, a pensar em tudo o que é verdadeiro, nobre, correto, puro, amável, de boa fama, excelente e digno de louvor (Fp 4:8). Aproprio-me do equilíbrio que me concedes (2Tm 1:7).

Não se amoldem ao padrão deste mundo, mas transformem-se pela renovação da sua mente, para que sejam capazes de experimentar e comprovar a boa, agradável e perfeita vontade de Deus.

Romanos 12:2

Anotações

Senhor, controla todas as áreas de minha vida

Senhor, curvo-me diante de ti neste dia e declaro que és Senhor sobre todas as áreas de minha vida. Entrego-me a ti e peço que controles cada parte de minha mente, alma, de meu corpo e espírito. Eu te amo de todo coração, de toda alma e de todo entendimento. Comprometo-me a entregar-te todo meu ser. Capacita-me para que eu negue a mim mesma, tome diariamente a minha cruz e te siga (Lc 9:23). Desejo ser tua discípula, conforme tua palavra (Lc 14:27). Desejo perder minha vida por tua causa, a fim de salvá-la (Lc 9:24).

Se vivemos, vivemos para o Senhor; e, se morremos, morremos para o Senhor. Assim, quer vivamos, quer morramos, pertencemos ao Senhor.

Romanos 14:8

Anotações

Senhor, controla todas as áreas de minha vida

Deus, quero agradar-te em todas as coisas. Entrego-te meus relacionamentos, desejos, sonhos, minhas finanças, decisões, meu trabalho, lazer, tempo, corpo, mente e minh'alma. Deposito-os em tuas mãos a fim de serem usados para tua glória. Declaro neste dia: "Fui crucificad[a] com Cristo. Assim, já não sou eu quem vive, mas Cristo vive em mim. A vida que agora vivo no corpo, vivo-a pela fé no filho de Deus, que me amou e se entregou por mim" (Gl 2:20). Controla todas as áreas de minha vida, Senhor, e conduze-me a tudo que planejaste para mim.

Portanto, assim como vocês receberam Cristo Jesus, o Senhor, continuem a viver nele, enraizados e edificados nele, firmados na fé, como foram ensinados, transbordando de gratidão.

Colossenses 2:6-7

Anotações

Senhor, aprofunda-me em tua Palavra

"A tua palavra é lâmpada que ilumina os meus passos e luz que clareia o meu caminho" (Sl 119:105). Ajuda-me a compreender seu significado mais profundo. Concede-me sempre mais entendimento e revela-me os tesouros escondidos em tuas Escrituras. Desejo ter um coração receptivo a teu ensino e a tua revelação. Transforma-me enquanto leio tua Palavra. Ajuda-me a ser diligente na tarefa diária de guardá-la na alma. Mostra-me onde estou perdendo tempo que poderia ser mais bem utilizado na leitura da Bíblia. Concede-me a capacidade de memorizá-la. Que ela possa ser gravada em minha mente e em meu coração, de modo a tornar-se parte de mim.

Mas o homem que observa atentamente a lei perfeita, que traz a liberdade, e persevera na prática dessa lei, não esquecendo o que ouviu mas praticando-o, será feliz naquilo que fizer.

Tiago 1:25

Anotações

Senhor, aprofunda-me em tua Palavra

Senhor, que tua palavra me lembre de quem és e de quanto me amas. Que ela me dê a convicção de que minha vida está em tuas mãos e de que hás de suprir-me as necessidades. Obrigada porque, ao estudar tua Palavra, posso encontrar-te. Dá-me ouvidos para reconhecer tua voz cada vez que leio as Escrituras (Mc 4:23). Quando ouço tua voz e obedeço, tenho plenitude. Quando me desvio do caminho que me preparaste, minha vida fica vazia. Guia-me, aperfeiçoa-me e enche-me com tua palavra no dia de hoje.

Como é feliz aquele que não segue o conselho dos ímpios, não imita a conduta dos pecadores, nem se assenta na roda dos zombadores! Ao contrário, sua satisfação está na lei do SENHOR, e nessa lei medita dia e noite. É como árvore plantada à beira de águas correntes: Dá fruto no tempo certo e suas folhas não murcham. Tudo o que ele faz prospera!

Salmos 1:1-3

Anotações

Senhor, mostra-me como colocar minha vida em ordem

Deus, peço que me ajudes a colocar minha vida em ordem. Desejo que ocupes sempre o primeiro lugar. Ensina-me a amar-te de todo meu coração, de toda minha mente e alma. Mostra-me as situações em que tenho falhado nesse propósito. Mostra-me, também, se tenho colocado ídolos em minha alma. Quero servir somente a ti, Senhor. Ajuda-me a viver segundo esse desejo. Dá-me um coração submisso. Ajuda-me a sempre me sujeitar às autoridades e às pessoas corretas em minha família, no trabalho e na igreja. Mostra-me quem devem ser as autoridades espirituais em minha vida. Coloca-me na igreja que tens para mim.

Obedeçam aos seus líderes e submetam-se à autoridade deles. Eles cuidam de vocês como quem deve prestar contas. Obedeçam-lhes, para que o trabalho deles seja uma alegria e não um peso, pois isso não seria proveitoso para vocês.

Hebreus 13:17

Anotações

Senhor, mostra-me como colocar minha vida em ordem

Senhor, dá-me discernimento e sabedoria em cada uma de minhas ações. Que eu possa perceber as ocasiões em que não estou me sujeitando às pessoas certas, da maneira certa. Sei que, quando minha vida não está em ordem, deixo de receber as bênçãos que tens para mim. No entanto, também sei que, se te buscar em primeiro lugar, todas as coisas de que necessito me serão acrescentadas (Mt 6:33). Busco-te, ó Deus, em primeiro lugar neste dia e peço tua ajuda para pôr minha vida em ordem.

Quem acha a sua vida a perderá, e quem perde a sua vida por minha causa a encontrará.

Mateus 10:39

Anotações

Senhor, prepara-me para ser uma verdadeira adoradora

Deus, não há maior alegria para mim que te adorar. Ponho-me em tua presença com ações de graças e curvo-me diante de ti neste dia. Exalto teu nome, pois tu és grande e digno de ser louvado. "Encheste o meu coração de alegria" (Sl 4:7). Toda honra, majestade, força, glória, santidade e justiça são tuas. "O Senhor é misericordioso e compassivo, paciente e transbordante de amor" (Sl 145:8). Tu és grande e tremendamente poderoso, e é impossível medir o teu entendimento (Sl 147:5). Alimentas os famintos e libertas os presos. Obrigada porque dás vista aos cegos e levantas os abatidos (Sl 146:7-8).

*Quem me oferece sua gratidão como sacrifício, honra-
-me, e eu mostrarei a salvação de Deus ao que anda nos
meus caminhos.*

Salmos 50:23

Anotações

Senhor, prepara-me para ser uma verdadeira adoradora

Senhor, ensina-me a te adorar de todo coração, segundo tua vontade. Torna-me uma verdadeira adoradora. Que em todas as circunstâncias eu possa, antes de tudo, louvar-te e adorar-te. Louvo teu nome no dia de hoje, pois és bom e tua misericórdia dura para sempre (Sl 136:1). "O teu amor é melhor do que a vida! Por isso os meus lábios te exaltarão. Enquanto eu viver te bendirei, e em teu nome levantarei as minhas mãos" (Sl 63:3-4). Proclamarei a tua "glória entre as nações" e teus "feitos maravilhosos entre todos os povos" (Sl 96:3). Eu te adoro no esplendor da tua santidade e te dou a glória que teu nome merece (Sl 29:2).

Voltado para o teu santo templo eu me prostrarei e renderei graças ao teu nome, por causa do teu amor e da tua fidelidade; pois exaltaste acima de todas as coisas o teu nome e a tua palavra.

Salmos 138:2

Anotações

Senhor, abençoa-me no trabalho

Deus, mostra-me que trabalho devo realizar. Peço que me reveles se devo fazer algo diferente ou além das atividades atuais. Qualquer que seja a vocação que me reservaste para hoje e para o futuro, preciso de tuas forças e de tua energia para exercê-la com excelência. Que eu possa encontrar grande realização e satisfação em todos os aspectos de meu trabalho, até nas partes mais difíceis e desagradáveis. Obrigada porque todo trabalho árduo traz algum tipo de proveito (Pv 14:23).

Como é feliz quem teme o SENHOR, quem anda em seus caminhos! Você comerá do fruto do seu trabalho, e será feliz e próspero.

Salmos 128:1-2

Anotações

Senhor, abençoa-me no trabalho

Senhor, agradeço pela capacitação que me concedeste. Quando me faltar habilidade, peço que me ajudes a crescer e a me aprimorar, a fim de fazer um bom trabalho. Abre portas de oportunidades para que eu possa pôr em prática minhas habilidades e fecha aquelas pelas quais não devo passar. Dá-me sabedoria e direção. Entrego-te meu trabalho, certa de que o tornarás bem-sucedido (Pv 16:3). Que eu possa sempre gostar do que faço e fazer o que gosto. Consolida a obra de minhas mãos a fim de que eu encontre favor diante dos outros e seja uma bênção para muitos. Desejo que meu trabalho sempre te glorifique, Senhor.

Esteja sobre nós a bondade do nosso Deus Soberano. Consolida, para nós, a obra de nossas mãos; consolida a obra de nossas mãos!

Salmos 90:17

Anotações

Senhor, desenvolve o fruto do Espírito em minha vida

Deus, peço que desenvolvas o fruto do teu Espírito em minha vida. Ajuda-me a permanecer em ti, Jesus, para que minha vida possa ser produtiva. Espírito Santo, enche-me novamente de teu amor neste dia para que ele possa fluir de mim para os demais. Deus, em tua Palavra dizes: "Que a paz de Cristo seja o juiz em seu coração" (Cl 3:15). Peço que tua paz me governe o coração e a mente, de modo que as pessoas próximas a mim a percebam. Ajuda-me a "promover tudo quanto conduz à paz e à edificação mútua" (Rm 14:19).

Mas o fruto do Espírito é amor, alegria, paz, paciência, amabilidade, bondade, fidelidade, mansidão e domínio próprio. Contra essas coisas não há lei.

Gálatas 5:22-23

Anotações

Senhor, desenvolve o fruto do Espírito em minha vida

Senhor, sujeito-me a ti nas áreas em que preciso ser podada para produzir mais frutos. Sei que sem ti nada posso fazer. Tu és a videira, e eu sou o ramo. Devo permanecer em ti a fim de dar frutos. Obrigada por tua promessa de que, se eu permanecer em ti e tuas palavras permanecerem em mim, pedirei o que quiser e me será concedido (Jo 15:7). Obrigada por tua promessa de que receberei aquilo que pedir em teu nome (Jo 16:24). Quero ser como a "árvore plantada à beira de águas correntes" que "dá fruto no tempo certo e suas folhas não murcham" (Sl 1:3).

Meu Pai é glorificado pelo fato de vocês darem muito fruto; e assim serão meus discípulos.

João 15:8

Anotações

Senhor, preserva-me em pureza e santidade

A Bíblia diz que não me chamaste para a impureza, mas para a santidade (1Ts 4:7). Tu me santificaste e me justificaste pelo sangue de Jesus Cristo (1Co 6:11). Tu me revestiste do novo homem para que eu me assemelhasse a ti "em justiça e em santidade" (Ef 4:24). Que eu possa apegar-me "ao que é bom" (Rm 12:9) e conservar-me pura (1Tm 5:22). Com tua ajuda, quero manter-me afastada de tudo o que não é santo. Não desejo desperdiçar minha vida em coisas sem valor.

Porque Deus nos escolheu nele antes da criação do mundo, para sermos santos e irrepreensíveis em sua presença.

Efésios 1:4

Anotações

Senhor, preserva-me em pureza e santidade

Deus, ajuda-me a examinar pensamentos e ações, e a voltar a teus caminhos nas áreas em que me desviei. Que eu possa tomar as providências necessárias para me manter pura diante de ti. Desejo ser santa, como tu és santo. Torna-me participante de tua santidade (Hb 12:10) e permite que meu espírito, minha alma e meu corpo "sejam preservados irrepreensíveis" (1Ts 5:23). Sei que me chamaste para a pureza e a santidade, e disseste: "Aquele que os chama é fiel, e fará isso" (1Ts 5:24). Obrigada porque me manterás pura e santa a fim de que eu esteja inteiramente preparada para tudo o que me reservaste.

Bem-aventurados os puros de coração, pois verão a Deus.

Mateus 5:8

Anotações

Senhor, conduze-me ao propósito para o qual fui criada

Sei que já havias feito planos para mim antes de eu te conhecer, e sei que os concretizarás. Ajuda-me a viver "de maneira digna da vocação" que recebi (Ef 4:1). Sei que se cumprirá o destino específico que me reservaste. Que eu possa sempre ter consciência desse propósito e entender a vocação que me deste. Remove todo desânimo de meu coração e, em seu lugar, dá-me a alegre expectativa daquilo que realizarás por meu intermédio. Usa-me como teu instrumento para fazer diferença na vida das pessoas que puseres em meu caminho.

Portanto, irmãos, empenhem-se ainda mais para consolidar o chamado e a eleição de vocês, pois se agirem dessa forma, jamais tropeçarão.

2Pedro 1:10

Anotações

Senhor, conduze-me ao propósito para o qual fui criada

Deus, dá-me uma visão para minha vida. Deposito minha identidade e meu destino em tuas mãos. Mostra-me se estou seguindo teus planos para mim. Desejo que tua obra em minha vida seja eterna. Sei que ages "em todas as coisas para o bem daqueles que [te] amam, dos que foram chamados de acordo com o [teu] propósito" (Rm 8:28). Peço que me mostres claramente os dons e talentos que me concedeste. Conduze-me pelo caminho certo à medida que os desenvolvo. Capacita-me a usá-los segundo tua vontade e para tua glória.

Nele fomos também escolhidos, tendo sido predestinados conforme o plano daquele que faz todas as coisas segundo o propósito da sua vontade.

Efésios 1:11

Anotações

Senhor, guia-me em todos os meus relacionamentos

Deus, entrego todos os meus relacionamentos em tuas mãos e peço que os abençoes. Que tua paz reine sobre eles e que eles possam glorificar-te. Concede-me sabedoria para escolher meus amigos a fim de não andar com pessoas que venham a desviar-me de teus caminhos. Dá-me discernimento e forças para eu me separar daquelas que exercem influência negativa. Entrego-te meus relacionamentos e peço que cumpras tua vontade em cada um deles. Oro de modo específico pelos relacionamentos em minha família. Promove cura, reconciliação e restauração sempre que necessário. Abençoa-os e fortalece-os, Senhor.

Deus dá um lar aos solitários, liberta os presos para a prosperidade.

Salmos 68:6

Anotações

Senhor, guia-me em todos os meus relacionamentos

Senhor, guia-me em meus relacionamentos com pessoas que não te conhecem. Dá-me as palavras certas para conduzi-las a ti. Ajuda-me a ser luz para elas. Oro de modo específico por _____ (nome de uma pessoa não-cristã ou que se tenha afastado de Deus). Toca-lhe o coração e abre-lhe os olhos. Que ela possa aceitar-te e seguir-te fielmente. Também peço que tragas a minha vida amigos tementes a ti, nos quais eu me possa espelhar e com os quais possa crescer. Envia pessoas dispostas a dizer a verdade, em amor. Que eu tenha em minha vida mulheres confiáveis, bondosas, amáveis e fiéis. Que possamos incentivar-nos mutuamente a almejar coisas cada vez mais elevadas.

Livrem-se de toda amargura, indignação e ira, gritaria e calúnia, bem como de toda maldade. Sejam bondosos e compassivos uns para com os outros, perdoando-se mutuamente, assim como Deus os perdoou em Cristo.

Efésios 4:31-32

Anotações

Senhor, ajuda-me a permanecer no centro da tua vontade

Guia todos os meus passos. "Conduze-me, Senhor, na tua justiça" e "aplaina o teu caminho diante de mim" (Sl 5:8). Ajuda-me a andar em um relacionamento cada vez mais próximo de ti e conduze-me para onde devo ir. Como Jesus, digo: "Não seja feita a *minha* vontade, mas a *tua*" em minha vida (Lc 22:42). "Tenho grande alegria em fazer tua vontade, ó meu Deus" (Sl 40:8). És para mim mais importante que tudo. Tua vontade é mais importante que meus desejos. Quero viver como tua serva e fazer tua vontade de coração (Ef 6:6).

Nem todo aquele que me diz: "Senhor, Senhor", entrará no Reino dos céus, mas apenas aquele que faz a vontade de meu Pai que está nos céus.

Mateus 7:21

Anotações

Senhor, ajuda-me a permanecer no centro da tua vontade

Senhor, ajuda-me a ouvir tua voz dizendo: "Este é o caminho, siga-o" (Is 30:21). Fala ao meu coração por meio da tua Palavra para que eu tenha entendimento. Revela as áreas de minha vida em que não me estou movendo em direção ao alvo correto. Se existe algo que devo fazer, mostra-me para que eu possa corrigir o rumo. Desejo seguir tua vontade e teus caminhos. Sei que não nos compete dirigir nossos passos (Jr 10:23). Quero andar de acordo com tua vontade perfeita para minha vida, cumprir todos os teus propósitos para mim e me tornar a pessoa que me criaste para ser.

Vocês precisam perseverar, de modo que, quando tiverem feito a vontade de Deus, recebam o que ele prometeu.

Hebreus 10:36

Anotações

Protege-me, Senhor

Senhor, peço que coloques sobre mim a tua mão protetora. Confio em tua palavra, segundo a qual tu és minha rocha, minha fortaleza, meu libertador, meu escudo, meu baluarte e a força da minha salvação (Sl 18:2). Quero habitar em teu abrigo e descansar a tua sombra (Sl 91:1). Não permitas que eu me desvie do centro da tua vontade ou do caminho que traçaste para mim. Que eu possa sempre ouvir tua voz a me guiar. Dá ordem aos teus anjos para que me guardem em todos os teus caminhos e me sustentem a fim de que eu não tropece (Sl 91:11-12).

Se você fizer do Altíssimo o seu abrigo, do SENHOR o seu refúgio, nenhum mal o atingirá, desgraça alguma chegará à sua tenda.

Salmos 91:9-10

Anotações

Protege-me, Senhor

Senhor, és meu refúgio e minha fortaleza, és "auxílio sempre presente na adversidade". Não temerei, portanto, "ainda que a terra trema e os montes afundem no coração do mar" (Sl 46:1-2). Protege-me dos planos dos perversos e guarda-me do perigo repentino. "Misericórdia, ó Deus; misericórdia, pois em ti a minha alma se refugia. Eu me refugiarei à sombra das tuas asas, até que passe o perigo" (Sl 57:1). Obrigada porque "em paz me deito e logo adormeço, pois só tu, Senhor, me fazes viver em segurança" (Sl 4:8). Obrigada por tuas promessas de proteção.

Quando você atravessar as águas, eu estarei com você;
quando você atravessar os rios, eles não o encobrirão.
Quando você andar através do fogo, não se queimará;
as chamas não o deixarão em brasas.

Isaías 43:2

Anotações

Senhor, dá-me sabedoria para tomar decisões corretas

Senhor, sei que a sabedoria é melhor que o ouro, e o entendimento, melhor que a prata (Pv 16:16). Enriquece-me, portanto, com sabedoria e entendimento. Obrigada porque concedes "sabedoria aos sábios e conhecimento aos que sabem discernir" (Dn 2:21). Aumenta minha sabedoria e meu conhecimento para que eu possa distinguir tua verdade em todas as situações. Dá-me discernimento para todas as decisões que eu tiver de tomar. Que eu possa pedir conselho a pessoas tementes a ti, e não àqueles que cultivam a mentalidade do mundo. Obrigada, Senhor, porque me darás a instrução e o conselho necessários até mesmo enquanto eu estiver dormindo.

A boca do justo profere sabedoria, e a sua língua fala conforme a justiça. Ele traz no coração a lei do seu Deus; nunca pisará em falso.

Salmos 37:30-31

Anotações

Senhor, dá-me sabedoria para tomar decisões corretas

Deus, a Bíblia diz que reservas a sensatez para o justo (Pv 2:7). Ajuda-me a andar em justiça, retidão e obediência a teus mandamentos. Que eu jamais seja sábia a meus próprios olhos, mas possa sempre temer-te. Afasta-me do mal para que eu possa apropriar-me da saúde e força que tua palavra promete (Pv 3:7-8). Dá-me a sabedoria, o conhecimento, o bom senso, a direção e o discernimento de que preciso para andar em segurança e não tropeçar (Pv 2:10-13). Sei que em ti, Senhor, "estão escondidos todos os tesouros da sabedoria e do conhecimento" (Cl 2:3). Ajuda-me a descobri-los.

Com sabedoria se constrói a casa, e com discernimento se consolida. Pelo conhecimento os seus cômodos se enchem do que é precioso e agradável.

Provérbios 24:3-4

Anotações

Senhor, livra-me de toda obra maligna

Deus, obrigada porque tua palavra diz que: "o Senhor me livrará de toda obra maligna e me levará a salvo para o seu Reino celestial" (2Tm 4:18). Sei que "a nossa luta não é contra seres humanos, mas contra os poderes e autoridades, contra os dominadores deste mundo de trevas, contra as forças espirituais do mal nas regiões celestiais" (Ef 6:12). Obrigada porque puseste todos esses inimigos sob teus pés (Ef 1:22) e "não há nada escondido que não venha a ser revelado, nem oculto que não venha a se tornar conhecido" (Mt 10:26). "O meu futuro está nas tuas mãos; livra-me dos meus inimigos e daqueles que me perseguem" (Sl 31:15).

Porque ele me ama, eu o resgatarei; eu o protegerei, pois conhece o meu nome.

Salmos 91:14

Anotações

Senhor, livra-me de toda obra maligna

Senhor, peço que me livres de tudo o que erroneamente me mantém cativa e me separa de ti. Peço especificamente para ser libertada de _____ (cite uma área em que você deseja libertação). Expresso meu arrependimento pelas ocasiões em que meus desejos abriram a porta para o inimigo. Em nome de Jesus, oro para que todo baluarte do inimigo erigido contra mim seja destruído. Transforma as trevas em luz diante de mim e torna retos os lugares acidentados (Is 42:16). Sei que começaste boa obra em mim e hás de completá-la (Fp 1:6). Dá-me paciência para não desistir e forças para permanecer firme em tua Palavra.

Clame a mim no dia da angústia; eu o livrarei, e você me honrará.

Salmos 50:15

Anotações

Senhor, liberta-me das emoções negativas

Deus, ajuda-me a viver em tua alegria e paz. Dá-me forças e entendimento para resistir à ansiedade, raiva, inveja, depressão, amargura, solidão, culpa e ao desespero e medo. Salva-me quando "o meu espírito desanima; o meu coração está em pânico" (Sl 143:4). Recuso-me a permitir que minha vida seja prejudicada por emoções negativas. Mostra-me tua verdade quando eu me sentir tentada a ceder a tais emoções. De acordo com tua Palavra, é perseverando que obteremos a vida (Lc 21:19). Dá-me paciência para perseverar. Que eu possa, acima de tudo, guardar meu coração, pois sei que dele depende toda a vida (Pv 4:23).

Os justos clamam, o Senhor os ouve e os livra de todas as suas tribulações. O Senhor está perto dos que têm o coração quebrantado e salva os de espírito abatido.

Salmos 34:17-18

Anotações

Senhor, liberta-me das emoções negativas

*D*eus, não desejo ser insegura e egocêntrica, e assim perder oportunidades de me concentrar em ti e oferecer teu amor a outros. Torna-me sensível às necessidades, provações e fraquezas de outros, em vez de me preocupar excessivamente comigo. A obra que realizaste na cruz é minha maior fonte de alegria. Que ela seja sempre o meu foco. Obrigada, Senhor, porque posso clamar a ti em meio à minha aflição. "Faze-me ouvir do teu amor leal pela manhã, pois em ti confio. Mostra-me o caminho que devo seguir, pois a ti elevo a minha alma" (Sl 143:8). Que o prazer de te conhecer encha meu coração de alegria e paz.

Não andem ansiosos por coisa alguma, mas em tudo, pela oração e súplicas, e com ação de graças, apresentem seus pedidos a Deus. E a paz de Deus, que excede todo o entendimento, guardará o coração e a mente de vocês em Cristo Jesus.

Filipenses 4:6-7

Anotações

Senhor, consola-me nos momentos difíceis

Senhor, ajuda-me a lembrar que, mesmo em situações sombrias, tu és a luz inextinguível da minha vida. Ainda que se juntem nuvens escuras sobre mim, tu me elevarás acima da tempestade e me conduzirás ao consolo da tua presença. Somente tu podes fazer que as perdas redundem em bem. Somente tu podes remover a dor e a tristeza, e secar minhas lágrimas. "Responde-me quando clamo, ó Deus que me fazes justiça! Dá-me alívio da minha angústia; tem misericórdia de mim e ouve a minha oração" (Sl 4:1). Desejo permanecer firme em tua verdade e não me deixar levar por minhas emoções.

Bem-aventurados os pobres em espírito, pois deles é o Reino dos céus. Bem-aventurados os que choram, pois serão consolados.

Mateus 5:3-4

Anotações

Senhor, consola-me nos momentos difíceis

Senhor, ajuda-me a lembrar de te dar graças em tudo, certa de que sempre estás no controle. Sei que, quando eu atravessar as águas, estarás comigo e os rios não me encobrirão. Quando andar através do fogo, não me queimarei nem as chamas me deixarão em brasas (Is 43:1-2). Peço que tu, ó Deus da esperança, me enchas de alegria e paz para que eu transborde "de esperança pelo poder do Espírito Santo" (Rm 15:13). Obrigada porque enviaste o Espírito Santo para ser meu Consolador e Auxiliador. Ajuda-me a lembrar-me disso nos momentos difíceis.

O Deus de toda a graça, que os chamou para a sua glória eterna em Cristo Jesus, depois de terem sofrido durante pouco de tempo, os restaurará, os confirmará, lhes dará forças e os porá sobre firmes alicerces.

1Pedro 5:10

Anotações

Senhor, fortalece-me para que eu resista à tentação

Senhor, não permitas que eu caia em tentação, mas livra-me do mal e dos planos do Maligno para me derrubar. Em nome de Jesus, repreendo toda influência da tentação sobre mim. Fortalece-me e capacita-me a fim de que eu resista a tudo o que me poderia afastar de teus planos. Que eu não alimente pensamentos nem desejos que te desagradem ou contrariem tua vontade. Que eu não tenha uma vida secreta, com ações que, se reveladas, venham a causar-me embaraço ou vergonha. Não desejo participar das obras infrutíferas das trevas, mas, sim, com tua ajuda, expô-las à luz (Ef 5:11).

Feliz é o homem que persevera na provação, porque depois de aprovado receberá a coroa da vida, que Deus prometeu aos que o amam.

Tiago 1:12

Anotações

Senhor, fortalece-me para que eu resista à tentação

Senhor, ajuda-me a guardar no coração tua Palavra, e assim não pecar contra ti (Sl 119:11). Obrigada porque estás sempre perto dos que te invocam e realizas os desejos daqueles que te temem. Obrigada porque ouves meus clamores e me salvas das fraquezas, que poderiam me afastar de teus planos (Sl 145:18-19). Obrigada porque sabes "livrar os piedosos da provação" (2Pe 2:9). Obrigada porque podes livrar-me das tentações e ajudar-me a resistir-lhes.

Não sobreveio a vocês tentação que não fosse comum aos homens. E Deus é fiel; ele não permitirá que vocês sejam tentados além do que podem suportar. Mas, quando forem tentados, ele mesmo lhes providenciará um escape, para que o possam suportar.

1Coríntios 10:13

Anotações

Senhor, cura-me e ajuda-me a cuidar do corpo

Agradeço-te porque és o Deus que cura. Quando sofro um ferimento ou fico enferma, tu me restauras. Peço que me fortaleças e me cures, neste dia. Oro especificamente por ———— (cite uma área que precise dessa cura). Cura-me para que se cumpram as palavras do profeta Isaías: "Ele tomou sobre si a nossas enfermidades e sobre si levou as nossas doenças" (Mt 8:17). Senhor Jesus, tu sofreste, morreste e foste sepultado para que eu tivesse cura, perdão e vida eterna. Por tuas feridas sou curada (1Pe 2:24). Em tua presença, posso estender a mão e tocar-te, e ser tocada por ti.

Cura-me, SENHOR, e serei curado; salva-me, e serei salvo, pois tu és aquele a quem eu louvo.

Jeremias 17:14

Anotações

Senhor, cura-me e ajuda-me a cuidar do corpo

Deus, desejo glorificar-te em tudo o que faço. Ensina-me a cuidar bem do corpo que me deste. Conduze-me a pessoas capazes de me auxiliar ou me aconselhar. Quando estiver enferma e precisar de cuidados médicos, mostra-me que especialista devo procurar. Concede-lhe sabedoria para que ele indique o melhor tratamento. Capacita-me a disciplinar meu corpo e subjugá-lo (1Co 9:27). Sei que meu corpo é o templo de teu Espírito Santo, que habita em mim. Ajuda-me a entender plenamente essa verdade, a fim de manter meu templo limpo e saudável.

Assim, quer vocês comam, bebam ou façam qualquer outra coisa, façam tudo para a glória de Deus.

1Coríntios 10:31

Anotações

Senhor, liberta-me do medo pecaminoso

Deus, és minha luz e minha salvação. És minha força. De quem terei medo? (Sl 27:1). Serei forte e corajosa, pois sei que estarás comigo por onde quer que eu ande (Js 1:9). Liberta-me de todo medo pecaminoso, pois o medo nunca vem de ti. Guarda minha mente e meu coração do espírito de medo. Quando eu experimentar temor, peço que, no lugar dele, coloques o teu amor perfeito. Quando eu desviar minha atenção de ti e olhar para as circunstâncias, ajuda-me a reverter esse processo e fixar os olhos somente em ti.

Pois Deus não nos deu espírito de covardia, mas de poder, de amor e de equilíbrio.

2Timóteo 1:7

Anotações

Senhor, liberta-me do medo pecaminoso

Senhor, tua palavra diz que tu porás temor no coração de teu povo e jamais deixarás de fazer-lhe o bem (Jr 32:40). Peço que me concedas essa bênção. Sei que não me deste espírito de covardia. Rejeito, portanto, todo medo e me aproprio do poder, amor e equilíbrio que proporcionas. "Como é grande a tua bondade, que reservaste para aqueles que te temem, e que, à vista dos homens, concedes àqueles que se refugiam em ti!" (Sl 31:19). Uma vez que recebi um Reino inabalável, quero ser agradecida e adorar-te com reverência e temor piedoso todos os dias de minha vida (Hb 12:28).

Ensina-me o teu caminho, SENHOR, para que eu ande na tua verdade; dá-me um coração inteiramente fiel, para que eu tema o teu nome.

Salmos 86:11

Anotações

Senhor, usa-me para tocar a vida de outros

Senhor, ajuda-me a servir-te segundo tua vontade. Mostra-me as áreas em que devo dedicar-me mais ao próximo. Abre-me os olhos para as necessidades dos que me rodeiam. Dá-me um coração generoso para socorrer os pobres. Dá-me capacidade para administrar bem e compartilhar com outros as bênçãos que me tens concedido. Mostra-me a quem devo estender a mão nesse momento. Enche-me com teu amor e ajuda-me a transmiti-lo de maneira claramente perceptível. Usa-me para tocar a vida das pessoas com a esperança que puseste em mim.

Nisto conhecemos o que é o amor: Jesus Cristo deu a sua vida por nós, e devemos dar a nossa vida por nossos irmãos.

1João 3:16

Anotações

Senhor, usa-me para tocar a vida de outros

Deus, mostra-me o que devo fazer hoje a fim de abençoar pessoas. Não desejo concentrar-me tão intensamente em meus próprios interesses a ponto de não enxergar as oportunidades de oferecer àqueles que me rodeiam a vida plena que tu concedes. Mostra-me tua vontade e capacita-me a realizá-la. Dá-me os recursos necessários para proporcionar vida, esperança, socorro e cura a outros. Torna-me uma de tuas intercessoras fiéis e ensina-me a orar com poder. Opera por meu intermédio, para tua glória. Que minha maior alegria seja sempre servir-te.

Cada um exerça o dom que recebeu para servir os outros, administrando fielmente a graça de Deus em suas múltiplas formas.

1Pedro 4:10

Anotações

Senhor, ensina-me proferir apenas palavras de vida

Senhor, desejo falar de modo edificante, e não destrutivo. Que minhas palavras vivifiquem as pessoas a meu redor em todas as situações. Renova em mim, a cada dia, a plenitude do Espírito Santo para que teu amor e bondade transbordem de meu coração e de meus lábios. Ajuda-me a dizer apenas o que é verdadeiro, nobre, correto, puro, amável, de boa fama, excelente e digno de louvor. Espírito Santo da verdade, guia-me a toda a verdade. "Que as palavras da minha boca e a meditação do meu coração sejam agradáveis a ti, Senhor, minha Rocha e meu Resgatador!" (Sl 19:14). Que todas as minhas palavras reflitam tua pureza e teu amor.

O rei se agrada dos lábios honestos, e dá valor ao homem que fala a verdade.

Provérbios 16:13

Anotações

Senhor, ensina-me proferir apenas palavras de vida

Deus, tua palavra diz: "Ao homem pertencem os planos do coração, mas do SENHOR vem a resposta da língua" (Pv 16:1). Preparei meu coração para seguir tua Palavra todos os dias e obedecer às tuas leis. Preparei meu coração para adorar-te e dar-te graças em todas as coisas. Enche meu coração de amor, paz e alegria para que tudo isso transborde por meus lábios. Mostra-me quando falar e quando permanecer calada. E, quando eu falar, concede-me palavras vivificadoras e edificantes.

As palavras agradáveis são como um favo de mel, são doces para a alma e trazem cura para os ossos.

Provérbios 16:24

Anotações

Senhor, transforma-me em uma mulher de fé poderosa

Senhor, aumenta minha fé cada vez que eu ler ou ouvir tua palavra, para que eu possa orar com poder. Ensina-me a viver pela fé, e não pelo que vejo (2Co 5:7). Dá-me forças para permanecer firme em tuas promessas e crer em todas as tuas palavras. Sei que "a fé vem por se ouvir a mensagem, e a mensagem é ouvida mediante a palavra de Cristo" (Rm 10:17). Ajuda-me a crer de modo que tuas promessas se cumpram em mim. Que a autenticidade de minha fé, "muito mais valiosa do que o ouro que perece, mesmo que refinado pelo fogo", possa glorificar-te, Senhor (1Pe 1:7).

Eu lhes asseguro que se vocês tiverem fé do tamanho de um grão de mostarda, poderão dizer a este monte: "Vá daqui para lá", e ele irá. Nada lhes será impossível.

Mateus 17:20

Anotações

Senhor, transforma-me em uma mulher de fé poderosa

Deus, sei que a "fé é a certeza daquilo que esperamos e a prova das coisas que não vemos" (Hb 11:1). Também sei que fui salva "pela graça por meio da fé" e que ela é dom de ti (Ef 2:8). Ajuda-me a usar "o escudo da fé" para "apagar todas as setas inflamadas do Maligno" (Ef 6:16). Sei que "tudo o que não provém da fé é pecado" (Rm 14:23). Confesso toda dúvida como pecado e peço que me perdoes. Não desejo que dúvidas impeçam tua ação em minha vida e por meu intermédio. Aumenta minha fé a cada dia para que eu possa mover montanhas em teu nome.

Tendo sido, pois, justificados pela fé, temos paz com Deus, por nosso Senhor Jesus Cristo.

Romanos 5:1

Anotações

Senhor, torna-me cada vez mais semelhante a Cristo

Senhor, desejo ser transformada e peço que hoje mesmo inicies esse processo. Não sou capaz de realizar nenhuma mudança significativa ou duradoura em mim mesma, mas tudo é possível para o poder transformador do teu Espírito Santo. Concede-me, segundo as riquezas de tua glória, fortalecimento interior por meio de teu Espírito (Ef 3:16). Sei que suprirás minhas necessidades "de acordo com as [tuas] gloriosas riquezas em Jesus Cristo" (Fp 4:19). Preciso de tua ajuda para me separar do mundo, sem me isolar. Que teu amor manifesto em mim testemunhe de tua grandeza.

Fui crucificado com Cristo. Assim, já não sou eu quem vive, mas Cristo vive em mim. A vida que agora vivo no corpo, vivo-a pela fé no filho de Deus, que me amou e se entregou por mim.

Gálatas 2:20

Anotações

Senhor, torna-me cada vez mais semelhante a Cristo

Deus, ensina-me a amar as pessoas como tu amas. Quebranta as partes endurecidas de meu coração. Revigora as partes entorpecidas de meu ser. Dirige-me e instrui-me nas áreas em que me tornei rebelde. Torna-me fiel, generosa e obediente, como Jesus foi. Nas áreas em que sou resistente a mudanças, ajuda-me a confiar em tua obra em minha vida. Faze tua luz resplandecer em mim de modo a iluminar os que me rodeiam. Que já não seja eu quem vive, mas Cristo viva em mim (Gl 2:20). Que minha semelhança cada vez maior com Cristo desperte nas pessoas de meu convívio o desejo de conhecer-te melhor.

O próprio Espírito testemunha ao nosso espírito que somos filhos de Deus. Se somos filhos, então somos herdeiros; herdeiros de Deus e co-herdeiros com Cristo, se de fato participamos dos seus sofrimentos, para que também participemos da sua glória.

Romanos 8:16-17

Anotações

Senhor, liberta-me de meu passado

Senhor, peço que me libertes de meu passado. Nas áreas em que ainda estou apegada a ele, peço livramento, cura e redenção. Ajuda-me a abrir mão de tudo o que me prende à vida de outrora e me impede de avançar em direção a teus propósitos. Que eu possa despir-me das velhas formas de pensar, sentir e lembrar (Ef 4:22-24). Concede-me a mente de Cristo para que eu seja capaz de perceber quando estou sendo controlada pelas lembranças. Entrego em tuas mãos meu passado e todas as pessoas a ele associadas para que possas restituir o que foi perdido.

Portanto, se alguém está em Cristo, é nova criação. As coisas antigas já passaram; eis que surgiram coisas novas!

2Coríntios 5:17

Anotações

Senhor, liberta-me de meu passado

Senhor, dá-me alegria pelo tempo em que fui afligida e pelos anos em que tanto sofri (Sl 90:15). Obrigada porque fazes todas as coisas novas e me renovas em todos os sentidos (Ap 21:5). Ajuda-me a manter os olhos fixos no futuro e a perdoar o que precisa ser perdoado. Sei que estás fazendo algo novo em minha vida hoje. Que eu possa concentrar-me no destino diante de mim, e não nas coisas de outrora. Liberta-me do passado para que eu possa deixá-lo para trás e caminhar em direção ao futuro que preparaste para mim.

Esqueçam o que se foi; não vivam no passado. Vejam, estou fazendo uma coisa nova! Ela já está surgindo! Vocês não a reconhecem? Até no deserto vou abrir um caminho e riachos no ermo.

Isaías 43:18-19

Anotações

Senhor, conduze-me ao futuro que me preparaste

Senhor, entrego meu futuro em tuas mãos e peço que me concedas paz completa a respeito dele. Desejo estar no centro de teus planos para minha vida, certa de que tu me darás o que for necessário para lidar com o que virá. Peço que me fortaleças a fim de que eu persevere. Tua palavra diz: "Aquele que perseverar até o fim será salvo" (Mt 10:22). Ajuda-me a correr de modo a terminar bem e receber o prêmio (1Co 9:24). Que eu possa permanecer vigilante em oração, pois não sei quando será o fim de minha vida (1Pe 4:7).

A vereda do justo é como a luz da alvorada, que brilha cada vez mais até a plena claridade do dia.

Provérbios 4:18

Anotações

Senhor, conduze-me ao futuro que me preparaste

Deus, sei que teus planos para mim são de paz, a fim de me dar esperança e um futuro (Jr 29:11). Sei que me salvaste e me chamaste com uma santa vocação, não em virtude de minhas obras, mas por tua própria determinação e graça (2Tm 1:9). Obrigada, Espírito Santo, por que estás sempre comigo e me guias ao longo do caminho para que eu não me perca. Conduze-me, Senhor, a um ministério poderoso capaz de levar outros ao teu Reino e de glorificar teu nome. Quero segurar tua mão, hoje, para andar contigo em direção ao futuro que me preparaste.

Compartilhe suas impressões de leitura,
mencionando o título da obra, pelo e-mail
opiniao-do-leitor@mundocristao.com.br
ou por nossas redes sociais

Esta obra foi composta com tipografia Adobe Caslon Pro
e impressa em papel Offset 63g/m² na gráfica Assahi

Plantados na casa do Senhor, *florescerão nos átrios do nosso Deus. Mesmo na velhice darão fruto, permanecerão viçosos e verdejantes, para proclamar que o* Senhor *é justo. Ele é a minha Rocha; nele não há injustiça.*

Salmos 92:13-15

Anotações